AF602733

LETTRE

SUR LA DÉCOUVERTE

DU

MAGNÉTISME ANIMAL.

LETTRE
SUR LA DÉCOUVERTE
DU
MAGNÉTISME ANIMAL,

A M. COURT DE GEBELIN,
Censeur Royal, de diverses Académies, Président-Honoraire Perpétuel du Musée de Paris;

Par le P. HERVIER, *Docteur de Sorbonne, Bibliothécaire des grands Augustins, &c.*

Ad id sufficit Natura quod poscit.
La Nature suffit à ce qu'elle demande.
SENEC.

A PEKIN,
Et se trouve A PARIS,
Chez COUTURIER, Imprimeur-Libraire, Quai des Augustins, près l'Eglise, au Coq.

M. DCC. LXXXIV.

AVIS
DE L'ÉDITEUR.

L'HUMANITÉ est trop intéressée à la Lettre que le R. P. HERVIER m'a fait l'honneur de m'adresser sur la sublime Découverte du Docteur MESMER, pour que je ne m'empresse de la publier. C'est ici l'Ouvrage d'un Homme de Lettres, qui, non-seulement comme moi, doit la vie à un agent infiniment consolant & précieux, mais qui de plus sait le mettre en œuvre d'une maniere infiniment heureuse pour les malades qui se confient en lui ; & qui par conséquent est en droit d'en parler avec cette force & cette chaleur qui ſe manifeſtent dans ſa Lettre, qui embraſa tous ceux qui en entendirent la lecture dans la Séance publique du Muſée de Paris, le 13 Novembre 1783.

Le MAGNÉTISME ANIMAL eſt une de ces doctrines dont on doit ſe glorifier, qu'il faut faire connoître hautement, publiquement, parce que tous les hommes ont droit à ce qui eſt juſte, bon, ſalutaire, & donné par la Nature. Il faut que ceux qui la connoiſſent aient autant de conſtance pour lui faire vaincre l'erreur & l'ignorance, que ſes Détracteurs en ont pour l'anéantir. L'honneur de la Nation exige même que la vérité y trouve des Défenſeurs zélés.

Heureuſement le nombre s'en

augmente ſans ceſſe : les efforts multipliés, par leſquels on cherche à détourner l'attention du Public, ſont autant de puiſſans moyens amenés pour la gloire du Docteur MESMER. Si ſon agent n'étoit qu'une chimere, on ne verroit pas un ſi grand nombre de perſonnes occupées à le découvrir ou à perſuader qu'elles l'ont déjà trouvé. On diroit que l'ennemi du genre humain, déſeſpéré de perdre ſes victimes, leur lance des feux follets pour les détourner de la lumiere & les précipiter dans l'abîme. Mais que devroit-on penſer de ceux qui, contre leur conſcience, appelleroient le bien *mal*, & ſe joueroient de la crédulité de leurs Partiſans pour ſe perdre avec eux?

La Lettre que j'ai eu le bonheur de publier, a été une cauſe de ſanté pour pluſieurs ; celle-ci en augmentera le nombre. En attendant, qu'il plaiſe aux Princes de la Terre de faire triompher le MAGNÉTISME ANIMAL, pour leur propre bonheur & pour celui des Sujets que la Providence a confiés à leurs ſoins.

Signé, COURT DE GÉBELIN ; Cenſeur Royal, Auteur du Monde Primitif, Préſident-Honoraire Perpétuel du Muſée de Paris.

LETTRE SUR LA DÉCOUVERTE *DU* MAGNÉTISME ANIMAL.

MONSIEUR,

VOUS m'avez donné l'exemple de la reconnoiſſance la plus légitime ; je me fais gloire de le ſuivre. Votre Lettre ſur la Découverte du MAGNÉTISME ANIMAL, par le Docteur MESMER, m'engage à vous répondre par l'hiſtorique d'une guériſon plus difficile. J'y joindrai mes obſervations ſur ce que j'ai vu au traitement de ce

A

Savant Médecin, & quelques réflexions sur l'incrédulité qui le poursuit.

Je voudrois que mon nom, aussi puissant que le vôtre, déterminât l'attention des Savans, pour faire triompher une Découverte qui assurera aux générations futures le caractere, le tempérament & la vie naturelle à l'homme. Je me place à côté de vous : si vous jugez ma Lettre utile au Public & à notre Bienfaiteur commun, votre ombre seule donnera du crédit à ce que je vais dire.

Une étude forcée, des veilles multipliées avoient altéré considérablement ma santé; je ne pouvois plus travailler que par intervalles, & jamais plus d'une heure de suite. Ma vue étoit affoiblie; j'éprouvois de violens maux de tête, des étourdissemens, des insomnies fréquentes, & une goutte sciatique au changement des saisons.

L'étude de la Médecine ordinaire ne m'avoit découvert aucun remede efficace. La dissipation, les bains, les eaux minérales & les voyages m'avoient été inutiles. Je souffrois avec patience des maux incurables, tandis que la réputation du Docteur MESMER faiſoit des progrès dans la capitale. J'étois incrédule ſur ſon compte, & je le fus long-temps. Mais enfin, convaincu par des guériſons évidentes, mon eſpoir ſe réveilla : je lus avec attention les principes du MAGNÉTISME ANIMAL. Ce ſyſtême me parut renfermer la ſcience la plus ſublime, & me fit prévoir la plus grande de toutes les révolutions. Je voulus l'éprouver, & je dis à l'inſtant : « Un homme, qui annonce » le fluide qui compoſe la vie & la ſanté, » qui ſe vante de manier cet agent, » dont le Créateur s'eſt ſervi pour former » les ſubſtances ; qui déclare connoître ſon » mouvement, ſa marche, ſes loix, ſes » influences ; qui invite le Public à rece- » voir, par ſon moyen, une ſanté parfaite : » cet homme doit être le Viſionnaire le » plus inſenſé, ou le plus Savant des » hommes. C'eſt un phénomène à examiner. » Allons nous convaincre par ſes diſcours, » par ſa conduite, par notre propre expé- » rience ».

Il m'accueillit avec bonté. J'eſpérois

voir & toucher cet agent ſi favorable ; quel fut mon étonnement, lorſque je le ſentis opérer en moi une révolution ſubite ! J'éprouvai une chaleur inconnue dans les entrailles, une tranſpiration dans toutes les parties de mon corps ; & pour l'inſtant, mes douleurs ſe diſſiperent.

Cet eſſai détermina ma confiance ; je n'eus plus de doute. Je demandai à être reçu au traitement.

Me voilà dans un nouveau climat. Une action étrange produit en moi des effets ſinguliers ; des chaleurs internes, des ſueurs, des éblouiſſemens, des mouvemens de fievre. Je ſens un agent intérieur qui travaille ma ſanté. Après différentes révolutions, il chaſſe les ennemis de mon corps ; & ſix ſemaines de combat lui ſuffiſent pour la victoire la plus complette.

Cette opération n'eſt intéreſſante que par le préſage de plus utiles ſuccès. J'ai joui de cet eſpoir flatteur pendant mon ſéjour au traitement du Docteur Mesmer ; & c'eſt pour le répandre que je développe les douces images qui ont enchanté mon eſprit & mon cœur.

Je vais dire des choſes bien extraordinaires, & qui paroîtront exagérées à ceux qui n'ont aucune idée du ſyſtême Meſmérien.

Nous ſommes dans un ſiécle de découvertes, qui annonce de grands événemens (1). Des vérités importantes pour les Sciences ſe manifeſtent chaque jour ; recevons-les avec reconnoiſſance. D'où vient qu'on s'efforce d'en combattre certaines, avant de les avoir examinées ?

Admis à l'expérience du MAGNÉTISME ANIMAL, environné d'un grand nombre de malades qui s'étoient jettés dans les bras de ce Savant, parce qu'ils ne trouvoient plus de reſſources dans la Médecine ordinaire, je me livrois à toutes ſortes de réflexions ſur les infirmités humaines, qui vont en croiſſant, & l'impuiſſance des remedes, qui augmente à meſure qu'on les multiplie. Chaque malade me faiſoit frémir par ſon hiſtoire. Que ſeroit donc celle des hôpitaux ! J'étois placé dans la ſalle des pauvres, que pluſieurs riches bienfaiſans préféroient à celle de leurs égaux. La douleur fuyoit aux approches du Docteur MESMER. Il venoit exercer, au milieu des malades, le pouvoir de la Nature bienfaiſante. Il propageoit ſon agent, le faiſoit circuler dans l'aſſemblée, le tranſportoit ſur les maux des particuliers ; & par ſa vertu, il reſtituoit la chaleur, la force & la ſanté. Chaque jour, des malades guéris par ſa méthode, ſe retiroient les larmes aux yeux, pénétrés des plus vifs ſentimens d'eſtime pour la profondeur de ſon génie, & de reconnoiſſance pour ſa générosité (2).

Attendri par ce ſpectacle, je me diſois à moi-même : Voilà donc une Découverte vraiment utile, qui aſſurera au genre humain des avantages inappréciables, & à ſon Auteur une gloire immortelle. Voilà une révolution générale. D'autres hommes vont habiter la terre ; ils l'embelliront par leurs vertus & leurs travaux ; ils ne ſeront point arrêtés dans leur carriere par les infirmités ; ils ne connoîtront nos maux que par l'Hiſtoire. Leurs jours prolongés aggrandiront leurs projets & les conſommeront. Ils jouiront des douceurs de cet âge ſi vanté, où le travail ſe faiſoit ſans peine, la vie paſſoit ſans chagrin, & la mort approchoit ſans horreur.

En attendant l'époque où la Nature humaine ſera réparée par le MAGNÉTISME ANIMAL, ce moment heureux, où les Peuples, ſains & robuſtes, pourront écarter les épidémies, les maladies amenées par le cours des ſiécles (3), nous verrons les familles ſe débarraſſer elles-mêmes de leurs infirmités, ſans avoir beſoin d'un ſecours étranger.

Les Meres auront moins à craindre les dangers de la groſſeſſe, les douleurs qui précedent & ſuivent l'enfantement. Elles mettront au monde des hommes plus forts & plus courageux, les élèveront ſans peine, & préviendront les infirmités dont nos uſages ont accablé l'enfance. Elles leur donneront l'activité, l'énergie & les graces de l'âge primitif.

Il réſultera infailliblement une nouvelle éducation, qui amenera une heureuſe révolution pour les Sciences & pour les mœurs. Si la Découverte d'un Nouveau Monde, ſi un ſyſtême philoſophique, ſi le génie d'un ſeul homme a perfectionné certains Peuples & ouvert à l'eſprit humain une vaſte carriere de connoiſſances, que n'a-t-on pas lieu d'attendre de la ſublime Découverte du grand agent de la Nature, de ce principe conſervateur de l'homme, qui le délivre de ſes infirmités, lorſqu'il eſt propagé, renforcé & conduit ſelon les Loix du ſyſtême univerſel auquel il appartient?

Les enfans élevés & entretenus dans une ſanté parfaite par la vertu de cet agent, ſeront plus adroits & plus robuſtes; ils s'attacheront d'une maniere plus étroite à la tige qui leur aura communiqué le premier MAGNÉTISME; & lorſqu'elle ſe flétrira, ils la vivifieront eux-mêmes; ils fortifieront la vieilleſſe de leurs meres & leur rendront la douce vie qu'ils en auront reçue.

Les Peres, réjouis par leur quatrieme & cinquieme génération, ne tomberont qu'à l'extrémité de la décrépitude. Au moindre mal, on aura chez ſoi & dans ſoi-même un remede infaillible. Les ſociétés ne s'aſſembleront que pour acquérir de nouvelles forces: en ſe donnant la main, on augmentera ſa vigueur (*a*). Les glaces des appartemens répéteront la ſanté comme la lumiere (*b*). Plus de remédes inſipides, plus de coupes rebutantes & empoiſonnées, plus rien dans les hôpitaux qui révolte l'humanité (4), plus de maladies qui effraient la Nature. On parcourra doucement la carriere de ſes jours, & la mort ſera moins triſte, parce qu'on y parviendra de la même maniere qu'on s'avance dans la vie.

Les animaux & les plantes, également ſuſceptibles de la vertu magnétique, ſeront affranchis des maladies qu'ils éprouvent en ſociété. Les troupeaux de la campagne ſe multiplieront plus aiſément; les végétaux de nos jardins auront plus de vertus; les arbres, qui produiſent les délices de nos

---

(*a*) La vertu de la chaîne qu'on fait au traitement du MAGNÉTISME ANIMAL.

(*b*) Voyez la quinzieme propoſition du ſyſtême Meſmérien, à la ſuite de cette Lettre.

tables, nous donneront de plus beaux fruits (5). Le génie de l'homme, en poſſeſſion de ce fluide, commandera peut-être à la nature des effets plus merveilleux : qui peut ſavoir juſqu'où s'étendra ſon influence?

Ce que je viens d'annoncer paroît reſpirer l'enthouſiaſme : on ſaura un jour que j'ai ménagé la diſpoſition actuelle des eſprits, & que je ſuis demeuré au-deſſous du ſujet que j'avois à peindre.

Des réflexions auſſi conſolantes m'ont engagé à chercher dans la doctrine Meſmérienne, ſi je ne m'abuſois point. C'eſt un ſyſtême auſſi vaſte que nouveau. Il eſt conſigné, juſqu'à préſent, dans vingt-ſept Propoſitions, & quelques Ecrits que l'Auteur a adreſſés à toutes les Académies de l'Europe, & dont il n'a reçu aucune réponſe.

Il admet un fluide univerſel inconnu juſqu'à ce jour, eſſentiellement diſtingué de celui de l'ÉLECTRICITÉ & de l'AIMANT. Ce fluide pénetre & embraſſe tout dans un mouvement alternatif & perpétuel, qui reſſemble à celui du flux & reflux de la mer : ſon action s'exprime par l'INTENSION & la

RÉMISSION des propriétés de la matiere. Il eſt la cauſe de l'influence du ſoleil, de la lune, des aſtres, de tous les corps coéxiſtans.

La connoiſſance de ce fluide & de ſes loix répand de grandes lumieres ſur les obſcurités de la Phyſique, particuliérement ſur l'attraction, l'élaſticité, le flux & reflux de la mer, le feu, la lumiere, l'aimant & l'électricité. Elle offre un ſyſtême du Monde, qui répond à toutes les difficultés.

Si le Docteur MESMER eut vécu à côté de DESCARTES & de NEWTON, il leur auroit peut-etre épargné bien des peines. Ces deux grands hommes ont ſoupçonné l'exiſtence de ce fluide univerſel : mais ils n'en ont pas connu les loix, ils n'en ont pas déterminé l'action. A quel point ſeroient-ils parvenus avec un tel guide ?

Le plein de DESCARTES, ſa matiere ſubtile, ſes tourbillons, la maniere dont il explique divers phénomenes de la nature, nous diſent qu'il alloit à grands pas à la ſublime découverte du MAGNÉTISME.

NEWTON, dans divers endroits de ſon

ſyſtême, après s'être écarté d'une vérité auſſi importante, s'en rapproche de loin, & commence à lui rendre hommage. Je rapporte avec plaiſir ce qu'il a dit à ce ſujet, parce qu'il eſt aujourd'hui la lumiere de la plupart des Académies de l'Europe.

« Ce ſeroit ici le lieu, dit-il (*c*) d'ajouter » quelque choſe ſur cette eſpece d'eſprit très-» ſubtil qui pénétre à travers tous les corps » ſolides, & qui eſt caché dans leur ſubſ-» tance: c'eſt par la force & l'action de cet » eſprit que les particules des corps s'attirent » mutuellement aux plus petites diſtances, » & qu'elles cohérent lorſqu'elles ſont con-» tigues : c'eſt par lui que les corps élec-» triques agiſſent à de plus grandes diſtances, » tant pour attirer que pour repouſſer les » corpuſcules voiſins; & c'eſt encore par » le moyen de cet eſprit que la lumiere » émane, ſe réfléchit, s'infléchit, ſe réfracte » & échauffe les corps; toutes les ſenſations » ſont excitées, & les membres des animaux

(*c*) A la fin de ſon troiſieme livre des Principes Mathématiques de la Philoſophie Naturelle.

» font mus, quand leur volonté l'ordonne, » par les vibrations de cette fubftance fpi» ritueufe qui fe propage des organes exté» rieurs des fens par les filets folides des » nerfs jufqu'au cerveau, & enfuite du » cerveau dans les mufcles : mais ces chofes » ne peuvent s'expliquer en peu de mots, » & on n'a pas fait encore un nombre fuf» fifant d'expériences pour pouvoir déter» miner exactement les loix felon lefquelles » agit cet efprit univerfel ».

Le Docteur MESMER les a faites ces expériences, & a trouvé dans la nature, après un examen profond, la théorie de la nature même.

Cet agent univerfel, qui travaille perpétuellement la matiere, répand la vie & la fanté ; fes phénomenes les plus frappans s'obfervent dans la médecine, & c'eft par elle que le Docteur MESMER en prouve l'exiftence & les propriétés.

Voici comment j'envifage fa doctrine médicinale :

Tout eft fimple, tout eft uniforme dans la nature, elle produit toujours les plus grands effets avec le moins de dépenſe poſſible ; elle ajoute unité à unité ; il n'y a *qu'une vie*, *qu'une ſanté*, *qu'une maladie*, par conſéquent *qu'un remede.*

La plupart des maladies nous ont paru différentes, parce que nous n'en avons point aſſez examiné la théorie. Quelques ſoient leurs cauſes, leurs criſes & leurs effets, elles ne ſont toutes qu'une ſeule & même maladie, elles ont toutes un point central d'où elles partent pour ſe diviſer comme les branches d'un arbre qui émanent d'un ſeul tronc & tiennent aux mêmes racines.

La ſanté eſt l'harmonie des humeurs, la maladie eſt l'aberration de l'équilibre; pour la détruire, il faut reſtituer au corps humain l'ordre de la nature ; ce qui ſe fait par le MAGNÉTISME ANIMAL.

Le Docteur MESMER nous l'a fait comprendre par une comparaiſon bien exacte, à laquelle peu de perſonnes ont réfléchi profondément. « Une aiguille non aimantée, » nous dit-il, (*d*) miſe en mouvement, ne

(*d*) Dans ſon Mémoire ſur la Découverte du MAGNÉTISME ANIMAL, page 10, chez DIDOT, Imprimeur de MONSIEUR.

» reprendra que par hasard une direction » déterminée, tandis qu'au contraire celle » qui est aimantée ayant reçu la même im- » pulsion, après différentes oscillations pro- » portionnées à l'impulsion & au magnétisme » qu'elle a reçu, retrouvera sa premiere po- » sition, & s'y fixera. C'est ainsi que l'har- » monie des corps organisés, une fois trou- » blée, doit éprouver les incertitudes de ma » premiere supposition; si elle n'est rappellée » & déterminée par l'agent général, dont » je reconnois l'existence: lui seul peut réta- » blir cette harmonie dans l'état naturel.

» Aussi a-t-on vu, de tous les temps, les » maladies s'aggraver & se guérir avec & sans » le secours de la médecine, d'après différens » systêmes & les méthodes les plus opposées. » Ces considérations ne m'ont pas permis » de douter qu'il n'existe dans la nature un » principe universellement agissant, & qui » indépendamment de nous, opere ce que » nous attribuons vaguement à l'art & à la » nature ».

Toutes les maladies peuvent donc être guéries par le magnétisme animal qui rétablit l'harmonie dans les corps organiſés. Si l'on guérit par l'air, par l'eau, par les plantes, par l'aimant, par l'électricité, ou par tout autre moyen, on ne guérit jamais que par le magnétiſme qui ſe rencontre dans toutes ces choſes, ſelon les circonſtances, plus ou moins renforcé.

Déſormais la médecine ſera pure & ſimple; elle conſiſtera à connoître les loix de cet agent, la maniere dont il travaille le corps humain, ſa direction, ſes courans, les moyens de l'accumuler, le renforcer, le tranſporter & le communiquer. On évitera donc les dangers des remedes chymiques, ou purement botaniques (5).

Comme ce remede ſe trouvera entre les mains de tous les hommes avec la plus grande facilité, il rendra les guériſons plus promptes, plus sûres & moins coûteuſes. Les malades ne ſeront pas expoſés aux mépriſes de ceux qui les ſerviront, (6) au régime qui affoiblit la nature, ni à ces convaleſcences languiſſantes par leſquelles on expie l'aveugle confiance qu'on a donnée aux drogues.

Le

Le Docteur MESMER a fait cette étonnante découverte en étudiant la médecine. Élevé à l'école de VAN-SWIETTEN & de HAEN, disciples du fameux BOERHAAVE, il s'est frayé une route nouvelle, & ce n'est qu'après avoir long-tems combattu les préjugés, qu'il s'est avancé dans la connoissance des vrais principes de la nature : éclairé d'un nouveau jour, ses observations lui ont fait sentir le profond systême qu'il annonce.

Jaloux de transmettre les fruits de ses expériences, il a choisi la France pour les apprécier & les répandre. La réputation dont elle jouit par ses succès dans les sciences, l'émulation qui régne parmi les médecins de la Capitale, universellement reconnus pour réunir l'observation au génie, & la science à la réflexion : des motifs d'une estime plus particuliere pour les François ont fixé ce Docteur parmi nous.

Il a d'abord joui de l'accueil favorable que la Nation a coutume de faire aux Étrangers. Son savoir & sa modestie lui ont gagné des partisans : mais l'envie n'a pas tardé à lui susciter de puissans ennemis (7).

On lui auroit élevé des autels à Athènes & à Lacédémone ; on l'a couvert de mépris & de ridicules ; sa fortune, sa vie & son nom ont été exposés aux plus grands dangers ; il a subi le sort du fameux GALILÉE, poursuivi par le fanatisme de son siecle pour avoir soutenu le mouvement de la terre ; on l'a traité de visionnaire comme le célébre HARVEY qui enseignoit la circulation du sang ; on l'a persécuté comme Christophe COLOMB qui découvrit le nouveau monde ; enfin, on l'a joué sur le théâtre comme SOCRATE, pour le faire haïr du peuple.

Par quelle fatalité les vérités les plus essentielles éprouvent-elles le plus de difficultés pour s'introduire dans les différentes nations ? La plupart des Corps chargés de l'instruction publique sont en possession de n'en admettre aucune qui leur soit étrangere, quelqu'avantageuse qu'elle puisse être ; c'est une marchandise prohibée qu'ils arrêtent aux barrieres de leur Royaume.

Rien de plus difficile que d'instruire une nation à demi savante : fatiguée des efforts qu'elle a faits pour sortir d'une barbare ignorance; ſi elle s'arrête un inſtant, on ne peut plus la faire avancer; occupée à ſe conſidérer avec complaiſance, elle regarde la route qu'elle a parcourue, ſans ſonger à celle qui lui reſte à parcourir; elle ſe repoſe dans une fauſſe gloire qui l'enivre; envain lui parle-t-on de marcher pour faire d'autres découvertes, elle s'endort & retombe dans l'ignorance. On conduiroit plus aiſément un peuple ſauvage, tout d'une haleine, aux ſciences les plus élevées.

On remarque auſſi que les découvertes les plus utiles ont moins de crédit & de faveur dans les pays qui les produiſent, que dans les autres. On eſt étonné, par exemple, que l'art ingénieux d'inſtruire les ſourds & muets, inventé depuis plus de vingt ans, faſſe de ſi grands progrès chez les nations voiſines, tandis qu'en France où il eſt né, il n'a pour ainſi dire que ſon auteur pour patron (8).

L'art de guérir par le Magnétiſme animal n'a pu ſe développer avec liberté dans la patrie de ſon auteur. Aucune nation ne lui a fait un accueil favorable; cependant il doit faire un jour l'étonnement de tous les peuples. L'iſle de MALTHE s'empreſſe à l'adopter, & bientôt la voix de l'Univers l'appellera dans toutes les contrées.

L'on s'imagine bien que la cupidité, l'avarice, & peut-être des paſſions encore plus violentes, n'auront rien oublié pour le ravir à ſon auteur. Le Docteur MESMER s'eſt vu pluſieurs fois environné de ſpéculateurs avides & adroits ; ſon ſecret a manqué lui échapper, pour ſervir d'inſtrument au plus indigne monopole. Malgré les guériſons étonnantes qu'il opére chaque jour, on lui conteſte l'utilité de ſa méthode (9). Aujourd'hui plus que jamais, on veut voir pour croire ; il y a même de l'eſprit à ne pas croire ce qu'on voit. Tant la raiſon a fait de progrès parmi nous ! (10).

Le Docteur MESMER engage ſes contradicteurs à ſe convaincre ou à le confondre. Pourquoi refuſent-ils l'un & l'autre ? Il leur préſente ſes principes, les appelle à ſes expériences, leur demande d'adopter ou de réfuter ſon ſyſtême, d'éprouver en public ſa méthode, de la comparer avec la médecine ordinaire ; il s'expoſe à être déshonoré, & conſent à être puni, s'il ſuccombe : on s'obſtine, on évite le combat, on préfere une ignorance poſitive, une ignorance abſolue ſur ce qu'il y a de plus eſſentiel à la conſervation des hommes. Quel encouragement pour les découvertes !

On a dit ſouvent qu'il devroit y avoir un Tribunal pour les juger. On éviteroit bien des contradictions, des diſputes & des erreurs. Les parties intéreſſées ſeroient entendues, les preuves examinées, & le public décideroit la queſtion. Ce moyen préviendroit les cabales, garantiroit l'opinion, & aſſureroit le triomphe du génie créateur. C'eſt à ce tribunal que le Docteur MESMER auroit reçu ſa récompenſe. On l'a jugé d'après ſes adverſaires, qui ignorant ſa doctrine, ont préféré à la peine de l'étudier, le plaiſir de le tourner en ridicule.

Pourquoi ne veut-on pas l'entendre ?... Il ne faut pas ſe compromettre avec un particulier... Quelle excuſe ! Eſt-il impoſſible qu'un particulier découvre une vérité ; & un particulier avec le ſeul ſoupçon d'une vérité aussi essentielle pour les hommes, ne mérite-t-il pas une attention sérieuse ?

Au milieu des orages, il joue le plus beau rôle. N'est-il pas vainqueur en défiant ses ennemis qui s'éloignent? Est-il confondu parce qu'on le persécute? Sa science est-elle fausse parce qu'on la rejette ? Que penser de la noble hardiesse avec laquelle il s'annonce aux Savans & aux Médecins de l'Europe ? Pourquoi a-t-il choisi la France? Pourquoi vient-il sur ce théâtre de lumieres & de Philosophie, annoncer avec tant de courage une découverte aussi extraordinaire? Est-ce audace ou confiance ? Veut-il tromper les François ? Compte-t-il sur leur crédulité ou sur leur raison? Comment guérit-il les malades les plus désespérés? Comment leur procure-t-il subitement des crises? Voilà ce que ses adversaires n'expliqueront jamais.

Ils attaquent des faits aisés à vérifier ; ils accusent tout-à-la-fois celui qui les produit, les témoins qui les affirment, & ceux qui les éprouvent. On ne veut rien voir, on a décidé la chose impossible, absolument impossible, & le Docteur MESMER est jugé. Quel triomphe lui prépare cet argument d'impossibilité !

Des témoins de toutes les conditions, de tous les rangs, s'avancent en foule pour dire au public : nous avons vu, nous avons examiné, nous sommes convaincus. On leur répond hardiment : vous n'avez pas vu, vous n'avez pas examiné, on vous a trompé. Les malades se présentent-ils eux-mêmes avec les signes d'une guérison parfaite, on les regarde, on sourit, on leur dit aussi-tôt : vous n'aviez point de mal, votre imagination vous a guéri. Il faut donc avouer qu'on n'étoit pas malade, ou qu'on n'est pas guéri.

Si cette contradiction n'étoit pas aussi préjudiciable à l'humanité, nous nous contenterions d'en rire : mais elle empêche qu'on n'adopte & qu'on ne répande un reméde d'une efficacité incontestable contre les maux qui nous assiégent.

Vous le savez, MONSIEUR, le triomphe du Docteur MESMER ne dépend pas de l'opinion publique, il est dans sa découverte même ; c'est par elle qu'il forcera les suffrages ; dès qu'il la montrera, ses ennemis seront confondus.

Il a refusé des avantages considérables ; il posséde & donne la santé. Qu'a-t-il donc à desirer ? Le bien de l'humanité entière ; il l'a demandé pour récompense, & lui a sacrifié un salaire personnel ; ses ennemis ne peuvent le désavouer ; il sollicite des établissemens publics pour arrêter le cours des maladies, & il ne rencontre par-tout que des obstacles, tant il est difficile maintenant de faire le bien.

Sans la méfiance & le ridicule qui éloignent de lui, combien de gens vivroient encore ? (11) Les proches & les amis que nous pleurons, feroient nos délices ; il auroit peut être dissipé les maladies des hôpitaux, des armées & du pauvre peuple ; nous aurions un reméde infaillible contre les épidémies qui ravagent nos villes & nos campagnes ; & qui sait s'il n'auroit pas chassé loin de nous ces vapeurs mélancoliques, ces maladies noires qui brûlent le cœur & conduisent quelquefois au suicide.

Si nous différons encore de profiter des bienfaits de ce ſavant Médecin, nos deſcendans, triſtes héritiers de nos infirmités, n'auront-ils pas lieu de nous maudire & de nous déteſter à jamais ?

Il paroît aujourd'hui que les Médecins ſe rapprochent de ſon ſyſtême. Accoutumés depuis tant de ſiecles à voir la nature leur échapper à chaque inſtant par des routes ſecrettes & profondes ; ils ne pouvoient s'imaginer qu'elle eût dans toutes les maladies une marche abſolument ſemblable, & qu'il exiſtât un ſeul moyen pour réprimer ſes écarts. Maintenant ils croyent le rencontrer dans le fluide électrique ; ils le modifient pour l'appliquer à la médecine, & en obtiennent des guériſons qui proviennent, ſans qu'ils s'en doutent, du MAGNÉTISME ANIMAL. Ce fluide électrique eſt auſſi ſalutaire qu'on le deſire ? Ne ſeroit-il point en lui-même un principe de diſſolution & de mort ? L'expérience fera connoître ſon utilité (12).

Ceux qui n'ont jamais entendu le Docteur MESMER, lui reprochent de faire trop long-temps un ſecret de ſa découverte : ils ne ſavent pas qu'il avoit de grandes raiſons de ne confier ſa doctrine qu'à des hommes pleins de probité & de lumieres (13). Qu'il étoit eſſentiel pour le bien de l'humanité, que dans le commencement, il la dévelop-pât avec une grande prudence. C'eſt-pourquoi il s'eſt adreſſé à pluſieurs Puiſſances, aux Académies & aux Facultés de médecine. Aucune école ne s'eſt ouverte pour la recevoir.

Pluſieurs particuliers ſe ſont approchés de lui, les uns avec dédain, les autres avec hypocriſie. Devoit-il l'accorder à l'orgueil, à l'ingratitude, à la trahiſon, à la cupidité & à l'avarice ? Il la deſtinoit à ceux qui l'ont rejettée ; ſes délais ſerviront un jour à ſa gloire ; il a voulu ménager ſes propres ennemis & les diſpoſer de loin à un ſacrifice inévitable.

Enfin, preſſé par le deſir de remédier à nos maux, fatigué d'appeller envain les Savans de l'Europe, pour les enrichir d'un nouveau tréſor, il a ſoulagé ſon impatience en choiſiſſant pour dépoſitaires de ſa découverte des hommes dignes à tous égards de ſa confiance & de celle du Public.

J'ai l'honneur d'être,

MONSIEUR,

Votre très-humble & très-obéiſſant Serviteur, F. HERVIER, Bibliothécaire des Grands Auguſtins de Paris.

A Paris, 10 *Nov*. 1783.

P. S. Depuis ma lettre écrite & lue au Muſée, je ſuis devenu l'éleve du Docteur MESMER; je ſais aujourd'hui ſon ſyſtême de phyſique & de médecine; il m'a inſtruit au milieu d'un grand nombre de diſciples qui augmente chaque jour; ſa découverte eſt donc aſſurée pour le genre humain; je certifie qu'elle eſt inappréciable.

C'eſt une ſcience ſimple & ſublime, facile & évidente, qui ne peut ſe comparer à aucune; elle embraſſe tous les êtres de la nature, & la nature elle même dans ſes fonctions les plus secrettes. La médecine est la moindre des connoissances qu'elle développe.

Les précautions de son auteur n'ont pas empêché qu'il ne se formât des sectes erronées qui vont se multiplier à l'infini. Il y a déjà les Magnétisans à l'aimant, les Magnétisans à l'électricité, les Magnétisans à la poudre noire, les Magnétisans au hasard : on vient d'annoncer les Magnétisans au soufre.

Ceux qui s'amusent à chercher la véritable science du Magnétisme animal, sont invités à comparer leurs expériences & leurs principes au précis du système Mesmérien. Lorsqu'ils seront en état d'en expliquer les propositions, il leur restera encore bien des choses à connoître, pour avoir la découverte dans toute son étendue.

PRÉCIS DU SYSTÊME MESMÉRIEN.

I.

IL existe une influence mutuelle entre les corps célestes, la terre & les corps animés.

II.

Un fluide universellement répandu & continué de maniere à ne souffrir aucun vuide, dont la subtilité ne permet aucune comparaison, & qui de sa nature est susceptible de recevoir, propager & communiquer toutes les impressions du mouvement, est le moyen de cette influence.

III.

Cette action réciproque est soumise à

des loix méchaniques, inconnues jusqu'à présent.

I V.

Il résulte de cette action, des effets alternatifs, qui peuvent être considérés comme un flux & reflux.

V.

Ce flux & reflux est plus ou moins général, plus ou moins particulier, plus ou moins composé, selon la nature des causes qui le déterminent.

V I.

C'est par cette opération (la plus universelle de celles que la Nature nous offre) que les relations d'activité s'exercent entre les corps célestes, la terre & ses parties constitutives.

V I I.

Les propriétés de la matiere & des corps organisés dépendent de cette opération.

V I I I.

Le corps animal éprouve les effet alternatifs de cet agent : & c'est en s'insinuant dans la substance des nerfs, qu'il les affecte immédiatement.

I X.

Il se manifeste particulierement dans le corps humain, des propriétés analogues à celles de l'aimant : on y distingue des poles également divers & opposés, qui peuvent être communiqués, changés, détruits & renforcés. Le phénomène même de l'inclinaison y est observé.

X.

La propriété du corps animal, qui le rend susceptible de l'influence des corps célestes & de l'action réciproque de ceux qui l'environnent, manifestée par son analogie avec l'aimant, m'a déterminé à la nommer Magnétisme animal.

X I.

L'action & la vertu du Magnétisme animal, ainsi caractérisées, peuvent être communiquées à d'autres corps animés & inanimés. Les uns & les autres en sont cependant plus ou moins ſuſceptibles.

XII.

Cette action & cette vertu peuvent être renforcées & propagées par ces mêmes corps.

XIII.

On obſerve à l'expérience l'écoulement d'une matiere, dont la ſubtilité pénetre tous les corps, ſans perdre notablement de ſon activité.

XIV.

Son action a lieu à une diſtance éloignée, ſans le ſecours d'aucun corps intermédiaire.

XV.

Elle eſt augmentée & réfléchie par les glaces comme la lumiere.

XVI.

Elle eſt communiquée, propagée & augmentée par le ſon.

XVII.

Cette vertu magnétique peut être accumulée, concentrée & tranſportée.

XVIII.

XVIII.

J'ai dit que les corps animés n'en étoient pas également ſuſceptibles : il en eſt même, quoique très-rares, qui ont une propriété ſi oppoſée, que leur ſeule préſence détruit tous les effets de ce Magnétiſme dans les autres corps.

XIX.

Cette vertu oppoſée pénetre auſſi tous les corps : elle peut être également communiquée, propagée, accumulée, concentrée, tranſportée ; réfléchie par les glaces & propagée par le ſon ; ce qui conſtitue non-ſeulement une privation, mais une vertu oppoſée poſitive.

XX.

L'aimant, ſoit naturel, ſoit artificiel, eſt, ainſi que les autres corps, ſuſceptible du Magnétiſme animal, & même de la vertu oppoſée, ſans que ni dans l'un, ni dans l'autre cas, ſon action ſur le fer & l'aiguille ſouffre aucune altération ; ce qui prouve que le principe du Magnétiſme animal differe essentiellement de celui du minéral.

XXI.

Ce Systême fournira de nouveaux éclaircissemens sur la nature du feu & de la lumiere, ainsi que dans la théorie de l'attraction, du flux & reflux, de l'aimant & de l'électricité.

XXII.

Il fera connoître que l'aimant & l'électricité artificielle n'ont, à l'égard des maladies, que des propriétés communes avec plusieurs autres agens que la Nature nous offre ; & que s'il est résulté quelques effets utiles de l'administration de ceux-là, ils sont dus au Magnétisme animal.

XXIII.

On reconnoîtra par les faits, d'après les Règles-Pratiques que j'établirai, que ce principe peut guérir immédiatement les maladies des nerfs, & médiatement les autres.

XXIV.

Qu'avec son secours, le Médecin est

éclairé sur l'usage des médicamens : qu'il perfectionne leur action, & qu'il provoque & dirige les crises salutaires, de maniere à s'en rendre le maître.

XXV.

En communiquant ma Méthode, je démontrerai, par une théorie nouvelle des maladies, l'utilité universelle du principe que je leur oppose.

XXVI.

Avec cette connoissance, le Médecin jugera sûrement l'origine, la nature & les progrès des maladies, même des plus compliquées : il en empêchera l'accroissement, & parviendra à leur guérison, sans jamais exposer le malade à des effets dangereux ou des suites fâcheuses, quels que soient l'âge, le tempérament & le sexe : les femmes même dans l'état de grossesse, & lors des accouchemens, jouiront du même avantage.

XXVII.

Cette doctrine, enfin, mettra le Médecin en état de bien juger du degré de santé de chaque individu, & de le préserver des maladies auxquelles il pourroit être exposé. L'Art de guérir parviendra ainsi à sa derniere perfection.

NOTES.

(1) Dans ce siecle de lumieres, nous distinguons trois découvertes principales, qui portent le caractere de la nation où elles ont pris naissance, l'une en Angleterre, une autre en France, & la troisieme en Allemagne. L'Anglois a inventé le moyen de s'enfoncer dans l'abîme des mers, & & d'en parcourir les profondeurs sans danger. Le François a trouvé l'art de s'élancer dans les hautes régions, & de visiter l'Empire des airs. L'Allemand a tiré de la nature même l'ame conservatrice des hommes, & les fixe sur la terre, en éloignant les infirmités & la mort. Les éloges qu'on a donnés au Méchanicien Fox & à MM. de Mongolfier, sont bien mérités; leurs découvertes pourront peut-être servir à de grandes choses. Pourquoi ne pas faire le même accueil à celle du Docteur Mesmer? N'est-elle pas infiniment plus précieuse, puisqu'elle assure la conservation & la santé des hommes?

(2) Si chaque malade que le Docteur Mesmer a traité, vouloit raconter ce qu'il sait de son désintéressement & de sa générosité, il faudroit plus d'un volume pour en instruire le Public. Je dois dire par reconnoissance, qu'il a reçu tous les pauvres que je lui

ai présentés, & qu'il a fourni à la plupart de quoi s'entretenir dans leurs maladies.

(3) Il est des maladies qui tiennent à certains siecles, comme la lépre, dont on ne voit presque plus d'exemples, & la petite vérole qu'on ne connoissoit pas avant Clovis. Il en est d'autres qui tiennent aux climats, comme la peste dans le Levant, les écrouelles en Espagne, & les dartres en France.

(4) En France, depuis la derniere Ordonnance de Sa Majesté LOUIS XVI, l'administration des hôpitaux civils, & sur-tout militaires, est parvenue à un degré de perfection qu'on n'osoit espérer il y a un siecle. L'ordre, l'économie, la propreté & tous les moyens de soulagement ont attiré l'attention des Puissances étrangeres qui s'occupent maintenant à les imiter : il ne s'agit plus que d'y introduire la Médecine naturelle, le Magnétisme animal qui purifiera les salles, détruira les douleurs, & délivrera d'une pharmacie toujours rebutante.

(5) Le Docteur MESMER avoit magnétisé un arbre devant la porte de sa maison sur les grands boulevards ; plusieurs malades ont été guéris à côté de lui ; il a conservé ses feuilles plus long-temps que les autres, & au printemps il a été le plus diligent à en reproduire.

(6) Nous étudierons la Botanique pour le plaisir d'admirer & d'aimer la nature, & non par la dure néceſſité de lui demander des remédes. Ces drogues menſongéres que l'erreur a inventées pour des effets auxquels elles n'ont aucun rapport, ſeront pour jamais éloignées de notre eſprit, quand nos ſens s'épanouiront ſur les fleurs des prairies. Penſerions nous que la riche parure des champs, parfumée des odeurs les plus ſuaves, fût deſtinée à paſſer dans les fournaux de la Chymie, pour dégoûter les malades, ſous prétexte de les guérir. Oh! Jean Jacques, ſi tu vivois encore, tu verrois tes vœux s'accomplir! La Botanique délivrée de la tirannie de la Médecine, & entiérement abandonnée à l'hiſtoire de la nature. Voici ſes penſées ſur cette ſcience qui fit les délices des dernieres années de ſa vie: « Une autre choſe contribue à éloigner du » règne végétal l'attention des gens de goût: c'eſt » l'habitude de ne chercher dans les plantes que » des drogues & des remédes. Théophraſte s'y étoit » pris autrement, & l'on peut regarder ce Philo» ſophe comme le ſeul Botaniſte de l'antiquité. » Auſſi n'eſt-il preſque point connu parmi nous: » mais graces à un certain Dioſcoride, grand com» pilateur de recettes, & à ſes commentateurs, la » Médecine s'eſt tellement emparée des plantes » transformées en ſimples, qu'on y voit que ce » qu'on n'y voit point; ſavoir: les prétendues

» vertus qu'il plait au tiers & au quart de leur » attribuer. On ne conçoit pas que l'organiſation » végétale puiſſe par elle-même mériter quelque » attention : des gens qui paſſent leur vie à arranger » ſavamment des coquilles , ſe moquent de la » Botanique comme d'une étude inutile quand on » n'y joint pas , comme ils diſent , celle des pro- » priétés.

» Arrêtez-vous dans une prairie émaillée à exa- » miner ſucceſſivement les fleurs dont elle brille ; » ceux qui vous verront faire , vous prenant pour » un *frater* , vous demanderont des herbes pour » guérir la rogne des enfans, la galle des hommes, » ou la morve des chevaux.

» Ces idées médicinales ne ſont aſſurément » gueres propres à rendre agréable l'étude de la » Botanique ; elles flétriſſent l'émail des prés, l'éclat » des fleurs , deſſéchent la fraîcheur des boccages, » rendent la verdure & les ombrages inſipides & » dégoutans ; toutes ces ſtructures charmantes & » gracieuſes , intéreſſent fort peu quiconque ne » veut pas piler tout cela dans un mortier , & l'on » n'ira pas chercher des guirlandes pour les bergeres » parmi des herbes pour les lavemens.

» Toute cette pharmacie ne ſouilloit point mes » images champêtres ; rien n'en étoit plus éloigné » que des ptyſannes & des emplâtres. J'ai ſouvent » penſé , en regardant de près les champs , les ver-

» gers, les bois & leurs nombreux habitans, que » le régne végétal étoit un magaſin d'alimens don» nés par la nature à l'homme & aux animaux: » mais jamais il ne m'eſt venu à l'eſprit d'y chercher » des drogues & des remédes. Je ne vois rien dans » ces diverſes productions qui m'indique un pareil » uſage, & elle nous auroit montré le choix, ſi » elle nous l'avoit preſcrit, comme elle a fait pour » les comeſtibles. Je ſens même que le plaiſir que » je prends à parcourir les boccages, ſeroit empoi» ſonné par le ſentiment des infirmités humaines, » s'il me laiſſoit penſer à la fiévre, à la pierre, à » la goutte & au mal caduc: du reſte, je ne diſ» puterai point aux végétaux les grandes vertus » qu'on leur attribue; je dirai ſeulement qu'en » ſuppoſant ces vertus réelles, c'eſt malice aux » malades de continuer à l'être; car de tant de » maladies que les hommes ſe donnent, il n'y en » a pas une ſeule dont vingt ſortes d'herbes ne » guériſſent radicalement.

» Sans avoir jamais eu grande confiance à la mé» decine, j'en ai eu beaucoup à des Médecins que » j'eſtimois, & à qui je laiſſois gouverner ma car» caſſe avec pleine autorité. Quinze ans d'expé» rience m'ont inſtruit à mes dépens; rentré main» tenant ſous les ſeules loix de la nature, j'ai repris » par elle ma premiere ſanté. Quand les Médecins » n'auroient point contre moi d'autres griefs, qui

» pourroit s'étonner de leur haîne? Je ſuis la preuve » vivante de la vanité de leur art & de l'inutilité » de leurs ſoins (*a*). » ce Philoſophe qui penſoit ainſi de la médecine actuelle, ne doutoit pas cependant qu'il n'y en eût une dans la nature. Voici ce qu'on lit *dans ſa troiſieme lettre de la Montagne* : « Je ne ſais » ſi l'art de guérir eſt trouvé, ni s'il ſe trouvera jamais : » ce que je ſais, c'eſt qu'il n'eſt pas hors de la nature ; » il eſt tout auſſi naturel qu'un homme guériſſe, » qu'il l'eſt qu'il tombe malade ; il peut tout auſſi » bien guérir ſubitement, que mourir ſubitement : » tout ce qu'on pourra dire de certaines guériſons, » c'eſt qu'elles ſont ſurprenantes ; mais non pas » qu'elles ſont impoſſibles..... On vient de trouver » le ſecret de reſſuſciter des noyés : on a déjà cher- » ché celui de reſſuſciter les pendus. Qui ſait ſi » dans d'autres genres de mort, on ne parviendra » pas à rendre la vie à des corps qu'on en avoit cru » privés ? On ne ſavoit jadis ce que c'étoit que » d'abattre la cataracte : c'eſt un jeu maintenant » pour nos chirurgiens : qui ſait s'il n'y a pas quel- » que ſecret trouvable pour la faire tomber tout » d'un coup » ?

(7) Comptez les *quiproquo* qui peuvent ſe faire depuis l'inſtant où un remède vient à l'imagination

(*a*) Septieme Promenade, page 15.

du Médecin qui interroge le malade en délire, jusqu'au moment où ce malheureux l'avale. Que de circonstances peuvent rendre ce poison mortel!

(8) M. l'Abbé de l'Épée, en cherchant les moyens d'instruire sur la Religion plusieurs personnes sourdes & muettes, a trouvé l'art ingénieux qui aujourd'hui le fait admirer de toute l'Europe. Ce savant & généreux Ecclésiastique entretient, depuis plus de vingt ans, de son propre patrimoine, un grand nombre de Sourds & Muets de l'un & de l'autre sexe. Il les instruit, en plusieurs langues, de diverses Sciences; il ne jouit d'aucun bénéfice, & n'a reçu, jusqu'à présent, aucun secours étranger. Son génie, son art, & ses bienfaits, fixerent l'attention particuliere de l'EMPEREUR dans son premier voyage en France, en 1777. SA MAJESTÉ IMPÉRIALE sut qu'il y avait un Maître de Langues en signes; elle visita cette Ecole, y fut émue d'un tendre sentiment à l'aspect des malheureux qui parlerent à ses yeux & à son cœur. Ils transcrivirent une de ses lettres, que l'Instituteur dicta par sa méthode, & lui prouverent qu'ils avoient les idées les plus profondes des choses les plus abstraites. Ce spectacle touchant engagea ce Souverain à former dans ses Etats une pareille Ecole; il envoya des témoignages de sa bienveillance à M. l'Abbé de l'Epée, & peu de temps après un Eleve à former. M. l'Abbé STORK vint, au commencement de

1778, recueillir les leçons de ce célebre Instituteur, & a répondu à ses espérances dans un établissement public érigé à Vienne. SA MAJESTÉ IMPÉRIALE encourage cette Institution par sa présence & l'enrichit de ses bienfaits.

Le Prince DORIA PAMPHILI, Nonce de Sa Sainteté en France, également persuadé de l'utilité de cette Ecole, a présenté un Eleve que M. l'Abbé de l'EPÉE a instruit, & qui vient d'établir à Rome une instruction publique.

Dans la Hollande, dans la Prusse, dans la Suisse, & dans plusieurs Villes de France, on s'occupe d'un objet aussi intéressant; & à Paris, le généreux Abbé, qui forme les Maîtres pour l'Etranger, a la douleur de ne voir aucun Partisan de sa méthode solliciter un établissement public. Il s'afflige de savoir qu'à sa mort les infortunés qu'il entretient seront sans ressources, & ses jours avancés augmentent ses regrets.

Que les Princes sont malheureux, qu'on ne leur fournisse pas toujours les grandes occasions de faire le bien! SA MAJESTÉ IMPÉRIALE, qui s'applaudit d'avoir trouvé en France un Abbé de l'EPÉE pour l'instruction de ses Sujets, sera bien étonnée quand elle connoîtra la sublime découverte du Docteur MESMER, qui s'est formé auprès de son Trône. Pourra-t-elle pardonner à ceux qui lui ont laissé ignorer son existence, à ceux qui l'ont calomnié,

& ſur-tout à ceux qui l'ont écarté de ſa Perſonne ſacrée ? Que dira-t-elle quand elle ſaura que l'homme de ſes Etats, le plus utile & le plus diſtingué par ſes connoiſſances, a été forcé de renoncer au projet d'enrichir ſa Patrie de ſa découverte, & ne s'eſt déterminé à la dépoſer dans une Nation Etrangere, qu'après avoir épuiſé tous les moyens de la confier à ſon Prince légitime.

(9) La découverte du MAGNÉTISME ANIMAL a ſuſcité à ſon Auteur des ennemis de tous les genres; il confirme ce qu'un Poëte a dit après l'hiſtoire :

C'eſt le ſort des Grands Hommes,
D'être perſécutés.

En recueillant les écrits de ſes adverſaires, on ne trouve que des outrages & des menſonges. Pas une imputation, pas un fait qui ne caractériſe la malice & l'acharnement : on cite, pour décrier ſon ſyſtême, une mort au milieu des guériſons qu'il opere, comme l'on cite une cure au milieu des morts que les Médecins ont traités. J'ai lu dans une méchante lettre contre lui, *que ſa méthode, ſi elle étoit quelque choſe, ne pouvoit être que la très-humble ſervante de la médecine ordinaire.* On peut affirmer qu'elle ſera certainement la ſervante maîtreſſe, & que tous les Médecins ſeront *ſes très-humbles ſerviteurs*, ou ne ſeront rien. Elle indique par ſon agent les maladies les plus compliquées, les développe, en découvre la cauſe, en détermine les criſes, & les guérit radicalement; elle avertit le Médecin de tout ce qui s'opere dans le corps organisé, & des procédés nécessaires pour la guérison.

10. Il est des gens d'une piété peu éclairée, qui, par dévotion, ne croient pas au Magnétisme animal, & ne veulent pas qu'on y croie. Ils ont entendu raisonner l'incrédulité populaire, qui argumente des Balons Aëriens & des guérisons Mesmériennes, pour balancer l'autorité des miracles; ils craignent pour la Religion. Qu'ils se rassurent, le MAGNÉTISME ANIMAL ne change pas l'eau en vin, ne multiplie pas les pains, & ne ressuscite pas les morts. Il guérit promptement les maladies aigües, lentement les autres, & ne guérit que par des crises. Il n'y a rien de surnaturel dans ses opérations. C'est un agent de la Providence, qui nous éleve à Dieu. Il étoit caché dans la Nature, dont il est le maître; bénissons-le de nous l'avoir manifesté.

(11) Un célebre Philosophe François, mort depuis peu, disoit à ses amis dans sa derniere maladie: *Les Médecins me tuent; je voudrois faire appeller le Docteur MESMER; mais que diroit-on de moi dans le monde?*

(12) Le Docteur MESMER a fait usage pendant long-temps de l'électricité; & a reconnu, avec plusieurs Médecins Anglois, qu'elle étoit plus nui-

fible que falutaire. C'eft l'agent de la foudre qui opere la diffolution. Un animal tué par l'électricité ne tarde pas à être corrompu. Si quelquefois elle guérit, c'eft par le MAGNÉTISME ANIMAL qu'elle détermine au hafard. Il eft vrai qu'elle arrête les crifes; mais pour s'affurer de la guérifon, foumettez les malades à l'expérience du MAGNÉTISME ANIMAL, plufieurs exemples m'ont convaincu.

(13) A quels hommes doit-on confier la Médecine? Les Prêtres autrefois en exerçoient le miniftere; ils approchoient des malades pour leur donner les fecours de l'ame & du corps. On n'abandonnoit pas à des mains mercénaires l'art de guérir les hommes. Les Mages en Perfe, les Brachmanes chez les Indiens, les Hiérophantes chez les Egyptiens, les Chaldéens à Babylone, & les Druydes dans les Gaules, exerçoient le Sacerdoce & la Médecine. Il y a peu de temps qu'en France les Prêtres étoient chargés des mêmes fonctions. Les différens Ordres Hofpitaliers & les places de Médecins qui exiftent encore dans plufieurs Chapitres de Chanoines, en font les preuves.

Ne feroit-il pas à défirer qu'aujourd'hui les Prêtres fuffent Médecins comme autrefois, & en fiffent les fonctions en diftribuant aux pauvres infirmes les biens de l'Eglife? Je n'ai jamais porté les fecours de la Religion à des malades indigens, que cette idée ne m'ait fait impression. La plupart des mourans, que les Médecins nous abandonnent, nous font frémir par l'historique du traitement qu'ils ont éprouvé. Nous voyons les tristes effets de la Médecine ordinaire, dans les victimes qu'on nous délaisse; & souvent le plus difficile de notre ministere, c'est de leur faire oublier qu'on les immole. Nous n'accusons ni les Médecins, ni la Médecine, mais l'ignorance où nous vivons, & qui va se dissiper.

J'ai ouï dire plusieurs fois au Docteur Mesmer, que ses vœux seront remplis au moment où sa doctrine, universellement répandue, fera non seulement le soulagement des Hôpitaux; mais deviendra, entre les mains des Pasteurs & des Prêtres, un moyen de plus de les faire respecter des Peuples soumis à leurs soins, & bénir la Providence, dont ils seront doublement les Ministres.

FIN.

www.ingramcontent.com/pod-product-compliance
Ingram Content Group UK Ltd.
Pitfield, Milton Keynes, MK11 3LW, UK
UKHW021944260726
13994UKWH00004B/1533

9 782329 341996